PORTUGUÊS XXI

Caderno de Exercícios 2

Autora
Ana Tavares

Direção
Renato Borges de Sousa

LIDEL

Lidel - edições técnicas, lda

LISBOA - PORTO
e-mail: lidel@lidel.pt
http://www.lidel.pt (Lidel on-line)
(*site* seguro certificado pela Thawte)

COMPONENTES DO MÉTODO

NÍVEL 1
Livro do Aluno + CD
Caderno de Exercícios
Livro do Professor

Pack

(Livro do Aluno + CD
+ Caderno de Exercícios)

NÍVEL 2
Livro do Aluno + CD
Caderno de Exercícios
Livro do Professor

Pack

(Livro do Aluno + CD
+ Caderno de Exercícios)

NÍVEL 3
Livro do Aluno + CD
Caderno de Exercícios
Livro do Professor

Pack

(Livro do Aluno + CD
+ Caderno de Exercícios)

EDIÇÃO E DISTRIBUIÇÃO

Lidel - edições técnicas, lda

ESCRITÓRIOS: Rua D. Estefânia, 183 r/c Dto., 1049-057 Lisboa
Internet: 21 354 14 18 - livrarialx@lidel.pt
Revenda: 21 351 14 43 - revenda@lidel.pt
Formação/Marketing: 21 351 14 48 - formacao@lidel.pt/marketing@lidel.pt
Ens. Línguas/Exportação: 21 351 14 42 - depinternational@lidel.pt
Fax: 21 357 78 27 - 21 352 26 84
Linha de Autores: 21 351 14 49 - edicoesple@lidel.pt
Fax: 21 352 26 84

LIVRARIAS: LISBOA: Avenida Praia da Vitória, 14, 1000-247 Lisboa – Telef. 213 541 418 - Fax 213 173 259 – livrarialx@lidel.pt
PORTO: Rua Damião de Góis, 452, 4050-224 Porto – Telef. 225 573 510 - Fax 225 501 119 – delporto@lidel.pt

Copyright © agosto 2011(2.ª Edição Revista); dezembro 2004 (1.ª Edição)
Lidel - Edições Técnicas, Limitada

Reimpressão de agosto de 2012
Impressão e acabamento: Printer Portuguesa – Indústria Gráfica, Lda.
Depósito legal n.º 346974/12

Criação de capa e layout: Imagem Final, Lda.
Paginação e adaptação da capa: Milarte Atelier Gráfico, Lda.

ISBN: 978-972-757-825-2

PORTUGUÊS XXI

Português XXI – Elementar destina-se a alunos que já têm conhecimentos básicos da língua. Este segundo livro cobre as estruturas gramaticais e as áreas lexicais elementares e inclui no final duas Unidades que se centram respetivamente nos países africanos de expressão portuguesa e no Brasil, com o objetivo de alargar os conhecimentos dos alunos em relação à cultura e às diferenças linguísticas e de pronúncia existentes nestes países. A existência de um Caderno de Exercícios permite que o aluno trabalhe essencialmente as áreas gramaticais e lexicais que surgem nas aulas e poderá ser utilizado em casa como trabalho complementar, tendo o professor a possibilidade de tornar as aulas mais interativas, ao privilegiar a oralidade.

O *Português XXI* é um material que tem uma preocupação especial pelo desenvolvimento da compreensão e da expressão oral do aluno, estimulando situações reais de fala, embora não esqueça a importância da compreensão e da expressão escrita.

No final deste nível, o aluno ficará a conhecer muitos aspetos da vida cultural e social portuguesa e deverá sentir-se apto para: dar informações de carácter pessoal; intervir em trocas comunicativas próprias de relações sociais; compreender folhetos publicitários, pequenos anúncios de oferta de serviços, previsões do estado do tempo, o sentido geral de pequenos artigos de jornal sobre acontecimentos do dia a dia e da atualidade; compreender breves comunicações, informações e avisos a nível oral; intervir em conversas sobre temas da atualidade, expressando opiniões e sentimentos; solicitar e dar informações sobre assuntos de rotina; comprar produtos em espaços comerciais; reconhecer, compreender e elaborar diferentes tipos de texto escrito: mensagens, postais, cartas formais e informais, receitas de culinária, etc.

O CD áudio visa ajudar o aluno a desenvolver a sua capacidade de compreensão oral e a trabalhar a pronúncia.

Unidade

1

1. Complete o quadro.

Habitualmente	Ontem	Antigamente
		estávamos
	li	
são		
	vimos	
vimos		
		queriam
pões		
	vesti	
saio		
		davas

2. Complete as frases seguindo o exemplo.

> **(estudar)**
> **Estudo** português duas vezes por semana.
> Ontem não **estudei** português.
> No ano passado **estudava** português três vezes por semana.
> Agora **estou a estudar** matemática.
> Amanhã **vou estudar** inglês.

(ir)
1. Normalmente eu _____ para a escola de metro.
Ontem _____ de autocarro por causa da greve do metro.
No ano passado _____ sempre de carro com o João.

(pôr)
2. É difícil estacionar em Lisboa. Por isso, às vezes, nós _____ o carro na garagem.
Ontem eles também _____ o carro na garagem.
Antigamente eu nunca _____ o carro na garagem.
Ele tem o carro mal estacionado porque _____ as compras dentro do carro.
Amanhã venho com o meu colega e ele _____ o carro na garagem.

(ver)
3. Nós nunca _____ televisão à noite.
Tu _____ ontem o jogo de futebol?
Quando eu era criança _____ televisão todos os dias.
São oito horas. Tenho a certeza de que eles _____ o noticiário.
Amanhã nós _____ a estreia de um filme.

(ter)
4. Quantas vezes por semana é que tu _____ aula de informática?
Na semana passada nós não _____ aulas porque o professor esteve doente.
No ano passado nós _____ aulas à hora do almoço.
A Isabel a esta hora _____ aula de inglês.
Amanhã vocês _____ teste?

(trazer)

5. Porque é que ele _____ sempre o jornal quando vem para a praia?

Ainda bem que te lembraste e _____ a máquina fotográfica.

Quando eu era mais novo nunca _____ nada para ler na praia.

Espera! Eu dou-te uma ajuda. Porque é que _____ os sacos todos de uma vez?

Está um calor insuportável. Amanhã nós também _____ o chapéu de sol.

3. Construa frases com as palavras dadas e conjugue os verbos no tempo adequado.

1. próximo ano / nós / comprar / carro novo

   _____.

2. todos os dias / eu / ouvir notícias / enquanto / fazer jantar

   _____.

3. antigamente / tu / ir / escola / bicicleta

   _____.

4. ontem / noite / nós / ver / filme muito interessante

   _____.

5. tu / já / vir / este restaurante?

   _____.

6. (você) trazer-me / conta / por favor

   _____.

7. quando / eu / ser criança / ter aulas de piano

   _____.

8. ontem / nós / ter exame de matemática

   _____.

4. Complete as frases com as preposições, contraindo-as com os artigos, quando necessário.

1. Moro _____ Lisboa, _____ a rua de S. Marçal.
2. _____ o próximo domingo, vou ficar _____ casa e vou aproveitar _____ arrumar as minhas gavetas.
3. Quando olhei _____ esse livro, lembrei-me _____ o meu professor de História.
4. Como gosto imenso _____ línguas, _____ a semana passada decidi começar _____ estudar alemão.
5. Esta noite vou _____ o cinema contigo, mas depois volto logo _____ casa.
6. Desde que me mudei _____ uma pequena aldeia perto _____ Beja, deixei _____ sair _____ os meus ex-colegas _____ a Universidade.

7. _____ que horas é que costumas chegar _____ o escritório?

8. Vens sempre _____ metro _____ a escola?

9. Normalmente, _____ Portugal, os cães não podem entrar _____ os restaurantes.

10. Que coincidência! Estava agora mesmo _____ pensar _____ ti!

5. Complete o quadro com os adjetivos correspondentes.

a arrogância	
a simpatia	
a ambição	
a luta	
o estudo	
a preguiça	
o trabalho	
a cultura	
a vaidade	
a simplicidade	

6. Faça perguntas sobre as partes sublinhadas.

1. Ela fala inglês e francês.

   _____?

2. A viagem mais interessante que fiz foi ao México.

   _____?

3. Os meus pais foram com uns amigos à ópera.

   _____?
   _____?

4. Os meus colegas da Suécia eram muito simpáticos.

   _____?

5. Jogo ténis três vezes por semana.

   _____?

6. Ontem eles almoçaram naquele restaurante.

   _____?

7. Este autocarro passa pelo Saldanha.

   _____?

8. A viagem ao Brasil correu muito bem.

   _____?

9. Ontem fui sair com os teus amigos franceses.

   _____?

10. Eles estavam a falar da viagem aos Açores.

    _____?

7. **Complete as frases com os verbos no *Pretérito Perfeito Simples* ou no *Imperfeito*.**

1. Ontem nós _____ (ir) ao cinema, mas não _____ (gostar) nada do filme.
2. Quando eu _____ (estar) na ilha da Madeira no ano passado, _____ (ficar) num hotel que _____ (ter) uma piscina com água do mar e à noite _____ (haver) sempre imensa animação.
3. Desculpe, _____ -me (dizer) a que horas começa a próxima sessão, por favor?
4. _____ (adorar) ir ao Japão nas próximas férias. Todos os anos digo o mesmo, mas nunca lá _____ (ir).
5. Hoje de manhã _____ (eu – estar) no ginásio das 10:00 às 13:00. _____ (fazer) um pouco de musculação, _____ (ir) à aula de ioga e, depois, ainda _____ (fazer) sauna. _____ (almoçar) no restaurante do ginásio e quando _____ (sair), _____ (estar) muito mais descontraída.
6. Quando eu _____ (ser) criança, _____ (ter) o cabelo mais louro do que hoje.
7. Tu já _____ (ver) a nova peça que está no Teatro Aberto?
8. Ontem _____ (trabalhar) até muito tarde. Já _____ (ser) 22:00 quando _____ (sair) do escritório.
9. Esta noite não _____ (eu – dormir) nada. _____ (ter) um pesadelo terrível. _____ (sonhar) que a minha casa _____ (estar) a arder e que eu não _____ (conseguir) sair.
10. Tu _____ (mexer) no livro que eu _____ (ter) em cima da minha secretária?
11. Ontem o António _____ (sentir-se) mal e _____ (ir) ao médico, mas _____ (ter) que esperar imenso tempo porque _____ (haver) imensa gente à espera.
12. No domingo passado, quando nós _____ (vir) para casa, _____ (encontrar) o teu primo que _____ (ir) visitar uns amigos que moram perto de nós.

8. **Complete o quadro com as palavras que têm uma <u>ideia contrária</u>.**

1. morreu	≠		11. no princípio	≠
2. diferente	≠		12. ganhar	≠
3. amador	≠		13. defeito	≠
4. ocupado	≠		14. ótimo	≠
5. detestar	≠		15. acabei	≠
6. feio	≠		16. preguiçoso	≠
7. antigo	≠		17. simpático	≠
8. sul	≠		18. fechado	≠
9. última	≠		19. ia	≠
10. longe	≠		20. veio	≠

9. Lembre-se de *uma viagem* que fez e de que gostou. Escreva um pequeno texto sobre essa viagem ou essas férias e descreva o lugar onde esteve, as pessoas que encontrou e o que fez ou fazia durante esses dias.

_____

_____

_____

_____

_____

_____

_____

_____

_____

_____

_____

_____

_____

_____

_____

_____

_____

_____

_____

_____

_____

_____

_____

_____

_____

UNidade
2

"CONHECES ALGUMA LAVANDARIA?"

1. **Junte as duas frases com a palavra que se encontra entre parêntesis. Faça as alterações necessárias.**

1. Procuro emprego. Compro o jornal. (*No caso de*)

   _____.

2. Estenda a roupa. Depois, aspire a casa. (*Depois de*)

   _____.

3. Ele tem boas notas. Mas ainda tem de fazer um exame final. (*Apesar de*)

   _____.

4. Vão para a mesa. Primeiro lavem as mãos. (*Antes de*)

   _____.

5. Telefonem para a agência. Aluguem o carro. (*para*)

   _____.

6. Ele não vem. Tem muito trabalho. (*por*)

   _____.

7. Entrámos no restaurante. Vimos o António. (*ao*)

   _____.

8. Vão ao médico. Primeiro marcam consulta. (*sem*)

   _____.

2. **Seguindo a lógica, relacione cada objeto do quadro *A* com uma das palavras que se encontram dentro do *B*.**

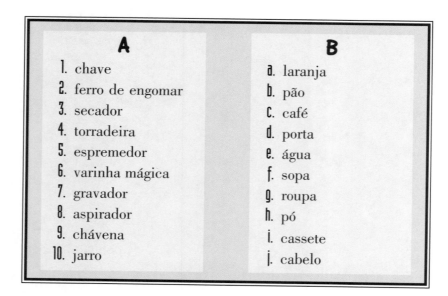

A	B
1. chave	a. laranja
2. ferro de engomar	b. pão
3. secador	c. café
4. torradeira	d. porta
5. espremedor	e. água
6. varinha mágica	f. sopa
7. gravador	g. roupa
8. aspirador	h. pó
9. chávena	i. cassete
10. jarro	j. cabelo

3. Complete as frases com os verbos *dever, poder, conseguir, saber* e *conhecer*, conjugados no tempo adequado.

1. (Tu) _____ como é que esta máquina funciona?

2. Ontem (eu) _____ o novo diretor.

3. Estou farta de procurar, mas ainda não (eu) _____ arranjar um pintor. (Tu) _____ algum?

4. Desculpe, mas não _____ entrar na nossa loja com o seu cão. É proibido.

5. Vou levar este casaco à lavandaria. Acho que amanhã já _____ estar pronto.

6. (Nós) _____ conferir sempre o troco que nos dão.

7. _____ dizer-me as horas, por favor?

8. É impossível! Eu bem tento, mas nunca _____ chegar a horas ao escritório.

4. Complete as frases com os verbos na *forma imperativa.*

1. Para o senhor ir para o Jardim da Estrela, _____ (seguir) sempre em frente e _____ (virar) na terceira à direita.

2. Vocês querem ir para o Rossio? Então, _____ (apanhar) o metro, que é mais rápido.

3. Anabela, _____ (dar) o lanche às crianças, enquanto eu vou ao supermercado, se não se importa.

4. Meninos, _____ (vir) para a mesa, mas primeiro _____ (lavar) as mãos.

5. _____ (introduzir) o cartão e _____ (marcar) o seu código pessoal.

6. Vitor, _____ (trazer) a lista telefónica, que está em cima da tua secretária, por favor.

7. Tens de ter cuidado com os vizinhos. Não _____ (tocar) guitarra a esta hora.

8. Meus senhores, _____ (abrir) os *dossiers* na página 34 e _____ (ler) o relatório que aí se encontra, antes de começarmos a reunião.

5. Ligue cada verbo com uma das palavras que se encontram no quadro da direita, e, em seguida, escreva uma frase.

A
1. tirar
2. mexer
3. inserir
4. estacionar
5. pisar
6. tomar conta de
7. fazer
8. passar
9. cortar
10. deitar

B
a. a barba
b. a roupa
c. crianças
d. o açúcar
e. fotografias
f. o café
g. o cabelo
h. o cartão
i. o carro
j. a relva

1. _____.
2. _____.
3. _____.
4. _____.
5. _____.
6. _____.
7. _____.
8. _____.
9. _____.
10. _____.

6. Complete as frases com os <u>verbos</u> no tempo adequado.

1. Cuidado, D. Teresa. _____ (descer) as escadas devagar.
2. É melhor nós _____ (estacionar) o carro no parque do centro comercial.
3. _____ (entrar) e _____ (sentar-se) nos vossos lugares, por favor.
4. Quando _____ (passar) pelo café, _____ (ver) a Maria na esplanada, mas ela _____ (estar) a falar com uns amigos e não me _____ (ver).
5. Não _____ (gostar) do canalizador que ontem _____ (ir) à minha casa. Além de _____ (ser) muito careiro, não me pareceu _____ (ser) muito profissional.
6. Quando nós _____ (ser) pequenos, os nossos avós _____ (costumar) ficar connosco enquanto os nossos pais _____ (ir) ao cinema.
7. Ontem a sopa _____ (estar) tão quente que eu _____ (queimar-se).
8. No caso de _____ (tu – precisar) de uma empregada para a tua casa, _____ -me (dizer). _____ (conhecer) uma pessoa muito séria e eficiente.
9. É preferível _____ (nós – ir) ao cinema esta noite. Ao fim de semana _____ (haver) sempre imensa gente.
10. _____ (querer) um bilhete de ida e volta para o Porto, por favor.

7. Complete o quadro.

Substantivo	Verbo
	alugar
	pagar
a gordura	
	limpar
	preferir
a devolução	
	entregar
	reparar
	pedir
a festa	
o conselho	
o aquecimento	

8. Caça ao <u>intruso</u>. Selecione a palavra que <u>não</u> pertence a cada grupo.

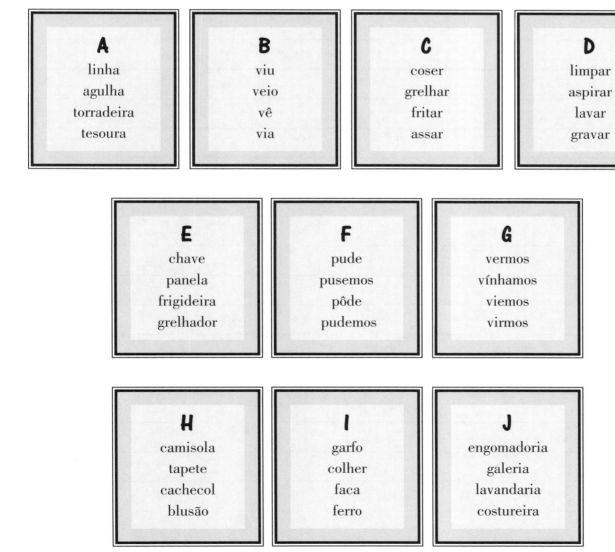

A
linha
agulha
torradeira
tesoura

B
viu
veio
vê
via

C
coser
grelhar
fritar
assar

D
limpar
aspirar
lavar
gravar

E
chave
panela
frigideira
grelhador

F
pude
pusemos
pôde
pudemos

G
vermos
vínhamos
viemos
virmos

H
camisola
tapete
cachecol
blusão

I
garfo
colher
faca
ferro

J
engomadoria
galeria
lavandaria
costureira

9. Imagine que tem um amigo português que vai estudar, ou
trabalhar, para a sua cidade. Escreva-lhe *uma carta* em que
lhe dá alguns conselhos úteis.

_____

_____

_____

_____

_____

_____

_____

_____

_____

_____

_____

_____

_____

_____

_____

_____

_____

_____

_____

_____

_____

_____

_____

_____

_____

UNidade
3

1. Complete o quadro com os *Particípios Passados* dos verbos.

ver		trazer	
ir		ser	
ler		vestir	
ganhar		limpar	
vir		escrever	
comprar		viajar	
pagar		dizer	
beber		dar	
fazer		abrir	
gastar		pôr	

2. Complete com os verbos conjugados no *P.P.S.* ou no *Pretérito mais-que-perfeito composto*.

1. Quando nós _____ (chegar) à aula, o teste já _____ (começar).

2. Ontem eu e o Paulo _____ (ver) um filme muito interessante, mas ele já o _____ (ver) duas vezes.

3. Hoje no restaurante, quando o empregado me _____ (trazer) a conta, eu _____ (ver) que _____ (esquecer-se) da carteira no escritório.

4. Ele não _____ (saber) responder à pergunta do professor, mas alguns minutos antes nós já _____ (falar) sobre esse tema.

5. Obrigado. _____ (trazer)-me o livro que eu te _____ (pedir) na semana passada.

6. O que é que tu _____ (fazer) à cassete que eu _____ (pôr) aqui em cima da mesa?

7. Nós já _____ (acabar) de jantar, quando ele _____ (telefonar).

8. Quando eu _____ (chegar) à estação, o comboio já _____ (partir).

3. Complete o quadro com os <u>antónimos</u> das palavras.

detestar	≠	
caro	≠	
honesto	≠	
o fracasso	≠	
inúmeras	≠	
ocupado	≠	
permitido	≠	
humano	≠	
legal	≠	
justo	≠	
real	≠	
vantagem	≠	

4. Escreva as palavras que correspondem a cada definição.

1. _ _ _ _ _ Tipo de música tipicamente portuguesa, que tradicionalmente expressa dor e saudade.

2. _ _ _ _ _ _ _ _ _ _ _ Programa de televisão ou de rádio que informa as pessoas sobre o que se passou no país e no mundo.

3. _ _ _ _ _ _ _ _ _ Tradução escrita nos filmes exibidos na sua versão original. (plural)

4. _ _ _ _ _ _ _ _ _ _ _ _ Atividades realizadas no tempo livre por prazer. (plural)

5. _ _ _ _ _ _ _ _ _ Tipo de programa televisivo em que os concorrentes tentam ganhar algo.

6. _ _ _ _ _ Profissional que representa um determinado papel no cinema ou no teatro. (masculino)

7. _ _ _ _ _ _ _ _ Sentimento de nostalgia.

8. _ _ _ _ _ _ _ _ _ Instrumento musical que acompanha o/a fadista.

5. Responda às perguntas com o <u>verbo</u> e o <u>pronome pessoal</u>, referente à palavra sublinhada.

1. Mandaste uma mensagem *à Teresa*?

_____.

2. Recebeste *a minha carta*?

_____.

3. Vocês trouxeram *os bilhetes*?

_____.

4. Telefonaste *ao Carlos*?

_____.

5. Eles convidaram *os teus amigos*?

_____.

6. Fizeste *os exercícios todos*?

_____.

7. Compreendeste bem *o filme*?

_____.

8. Eles deram a notícia *aos familiares*?

_____.

9. Desligaste *a televisão*?

_____.

10. Viste *o filme de ontem*?

_____.

11. Eles reservaram *os bilhetes*?

_____.

12. Puseste *a revista* na sala?

_____.

6. Complete cada espaço com o <u>artigo definido</u> adequado à palavra e utilize-a para escrever uma frase.

1. ___ canal _____.
2. ___ espectadores _____.
3. ___ sistema _____.
4. ___ televisão _____.
5. ___ possibilidade _____.
6. ___ cinema _____.
7. ___ saudade _____.
8. ___ amor _____.

9. ___ publicidade _____.

10. ___ programa _____.

11. ___ problema _____.

12. ___ programação _____.

13. ___ exame _____.

14. ___ sociedade _____.

15. ___ ambiente _____.

16. ___ voz _____.

17. ___ garagem _____.

18. ___ série _____.

19. ___ paixão _____.

20. ___ informação _____.

7. Preencha com as preposições *a*, *de* ou *em* (contraídas ou não com o artigo).

1. ___ noite ___ Natal	9. ___ 15 ___ fevereiro	17. ___ mês ___ março
2. ___ manhã	10. ___ fevereiro	18. ___ tarde
3. ___ 2005	11. ___ inverno	19. ___ Natal
4. ___ dez horas	12. ___ fim ___ ano	20. ___ domingos
5. ___ meio-dia	13. ___ dia 13 ___ junho	21. ___ Páscoa
6. ___ oito ___ manhã	14. ___ próximo ano	22. ___ primavera
7. ___ século XXI	15. ___ sexta-feira passada	23. ___ meia-noite
8. ___ férias	16. ___ uma ___ tarde	24. ___ cinco ___ cinco dias

8. Cada frase tem *um* ou *dois* erros. Encontre-o(s) e corrija-o(s).

1. Ele gostou imenso de ir ao cinema connosco mas não pode.
2. O que ele fez foi deshumano.
3. A que horas ele chegou a casa?
4. Quando eu pedi a conta, ele já tinha pagado.
5. Antes de elas chegaram, nós já tínhamos feito todo.
6. Vais na praia amanhã na manhã?
7. Ontem encontrava a tua irmã e achei que ela esteve mais gorda.
8. Na noite passada sonhei de ti.
9. Ele entrou a estação e tomou o comboio.
10. Por mim, o fado é uma canção triste demasiado.
11. Nós estamos aqui por ouvir fado.
12. É impossível tu compreendes o filme sem sabes português.

Unidade

4

1. **Substitua as formas verbais destacadas pelo *Futuro do Indicativo*.**

1. O tempo *vai estar* melhor na próxima semana.

   _____.

2. Daqui a 50 anos *vai haver* mais desemprego.

   _____.

3. No próximo ano *vou ganhar* mais dinheiro.

   _____.

4. Os nossos amigos *vão trazer* o endereço do médico.

   _____.

5. Eles *vão fazer* um prato especial para os seus convidados.

   _____.

6. Sem lermos o jornal, não *vamos saber* o que se passou.

   _____.

7. Não te preocupes. Amanhã tudo *vai correr* melhor.

   _____.

8. No norte *vai haver* chuva e trovoada durante o fim de semana.

   _____.

9. As próximas férias *vão ser* fantásticas.

   _____.

10. A apresentadora *vai dizer* a previsão do tempo antes do fim do programa.

    _____.

2. **Complete o quadro.**

Substantivo	Adjetivo
a nuvem	
	chuvoso
a atualidade	
o calor	
	ventoso
a ambição	
	cuidadoso
a superstição	
o perigo	
	trabalhador

3. Siga o exemplo:

> Achas que ela *está* em casa?
> Ela *estará* em casa?

1. Achas que eles *gostam* de bacalhau?

   _____ .

2. Acha que ele *chega* a horas?

   _____ .

3. Achas que ele *faz* este trabalho?

   _____ .

4. Achas que eu *consigo* compreender o filme?

   _____ .

5. Achas que ela *vai* connosco?

   _____ .

6. Achas que eles *vêm* jantar?

   _____ .

7. Achas que eu *sei* fazer esse exercício?

   _____ .

8. Achas que ele *lê* esse jornal?

   _____ .

9. Acha que elas *trazem* as bebidas?

   _____ .

10. Acha que ela *põe* o casaco aqui?

   _____ .

4. Complete com os <u>contrários</u> das palavras.

a descida	≠	
máxima	≠	
o litoral	≠	
diminuir	≠	
idoso	≠	
preguiçoso	≠	
facilitar	≠	
fraco	≠	
o frio	≠	
melhorar	≠	

5. Siga o exemplo e use a forma *haver de + Infinitivo*, para expressar uma intenção para o futuro.

> Um dia *vou fazer* férias ao Brasil.
> **Hei de fazer** férias no Brasil.

1. Um dia eles **vão visitar**-nos.

_____.

2. Um dia **vamos saber** falar bem português.

_____.

3. Um dia tu **vais conhecer** a minha aldeia.

_____.

4. Um dia **vamos ter** uma casa perto da praia.

_____.

5. Um dia **vais ser** promovida.

_____.

6. Um dia **vamos ter** um carro maior.

_____.

7. Um dia **vou aprender** russo.

_____.

8. Um dia a senhora também **vai ter** um jardim.

_____.

6. Junte as frases com: *porque, como, pois, mas, quando* e *por causa de*.

1. Ele chegou atrasado. Houve inundações.

_____.

2. Houve imenso trânsito. Consegui chegar a horas.

_____.

3. Não me molhei. Tinha guarda-chuva.

_____.

4. Começou a chover. Abri o guarda-chuva.

_____.

5. Em Lisboa nunca há neve. Vou à Serra da Estrela.

_____.

6. Está muito frio lá fora. Vou ficar em casa a ver televisão.

_____.

7. Repare no exemplo e escreva <u>duas</u> palavras da mesma família.

mar
marinheiro
maré

1. calor
_____.

2. chover
_____.

3. limpeza
_____.

4. pescar
_____.

5. abertura
_____.

6. ajuda
_____.

8. Escreva palavras que ache que têm uma <u>relação lógica</u> com as que se seguem.
Repare no exemplo.

escola	aluno; estudar; professor; caneta; quadro; livro; caderno.

1. trovoada _____.

2. temperatura _____.

3. céu _____.

4. inverno _____.

5. superstição _____.

6. mar _____.

9. Escreva os advérbios terminados em -_mente_ a partir das seguintes palavras e, em seguida, escreva uma frase.

> mundo - **mundialmente**
> Este astrólogo é **mundialmente** conhecido.

1. fluência - _____ .
   _____ .

2. dia - _____ .
   _____ .

3. alegria - _____ .
   _____ .

4. facilidade - _____ .
   _____ .

5. força - _____ .
   _____ .

6. rapidez - _____ .
   _____ .

10. Olhe para o tempo que faz hoje e escreva a sua _previsão_ para o tempo de amanhã.
Utilize algum do vocabulário que aprendeu. Amanhã poderá verificar se a sua previsão estava correta.

_____
_____
_____
_____
_____
_____
_____
_____
_____
_____
_____

UNidade
5

1. Substitua as formas conjugadas no Imperfeito do Indicativo pelo *Condicional*.

1. *Gostávamos* de ir ao Brasil nas férias.

   _____.

2. Eu *ia* contigo ao cinema, mas hoje tenho uma reunião.

   _____.

3. *Devias* fazer dieta.

   _____.

4. A senhora *podia* dizer-me onde fica a farmácia mais próxima?

   _____.

5. *Gostava* de lhe perguntar se *era* possível vir um pouco mais tarde.

   _____.

6. Eu não *tinha* problemas em ir a um restaurante vegetariano.

   _____.

2. Junte cada verbo que se encontra na coluna *A* com aquele que, na coluna *B*, tem um <u>significado mais próximo</u>.

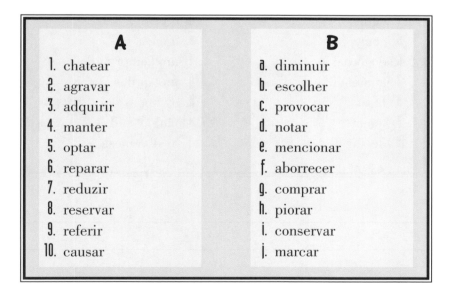

A	B
1. chatear	a. diminuir
2. agravar	b. escolher
3. adquirir	c. provocar
4. manter	d. notar
5. optar	e. mencionar
6. reparar	f. aborrecer
7. reduzir	g. comprar
8. reservar	h. piorar
9. referir	i. conservar
10. causar	j. marcar

3. O que é que ela te disse? Passe as frases para o <u>discurso indireto.</u>

1. Vamos preparar um prato vegetariano.

   _____.

2. O que é que fizeste para o jantar de ontem?

   _____.

3. Como é que vieste para a escola?

   _____.

4. Quem te disse que ele está doente?

_____.

5. Vou deixar de fumar.

_____.

6. O avião deverá chegar a horas.

_____.

7. Eles beberam imenso ao almoço.

_____.

8. A festa será no novo restaurante.

_____.

4. Junte cada verbo com a palavra ou expressão adequada e escreva uma frase.

A	B
1. cozer	a. a sopa
2. levantar	b. a camisola
3. coser	c. fumar
4. aquecer	d. o peixe
5. comer	e. a mesa
6. engordar	f. um comprimido
7. aumentar	g. uns quilos
8. fazer	h. os impostos
9. tomar	i. mal à saúde
10. deixar de	j. a sobremesa

1. _____.

2. _____.

3. _____.

4. _____.

5. _____.

6. _____.

7. _____.

8. _____.

9. _____.

10. _____.

5. O verbo apropriado. Complete os espaços com os verbos apropriados e conjugue-os nos tempos que acha adequados.

1. Eles _____ o hábito de beber água às refeições.

2. Vou _____ uma dose de bacalhau à Brás ao empregado.

3. Vá sempre em frente e _____ na segunda à direita.

4. Acredita no que te digo. _____ a pena ir àquele restaurante.

5. Queria _____ uma consulta para o Dr. Gonçalo Mota, por favor.

6. De facto, engordaste um pouco durante as férias. Agora precisas de _____ dieta.

7. Importas-te de _____ a luz? Não vejo nada.

8. Ele não _____ o direito de ser mal-educado contigo.

9. Vou _____ uma fotografia àquele autocarro.

10. Fumar _____ mal à saúde.

11. _____-me a tua caneta? Esqueci-me da minha em casa.

12. Desculpe, podia _____-me outra coca-cola, por favor?

6. Complete o quadro.

Substantivo	Adjetivo
a estranheza	
a abundância	
a gordura	
o rigor	
a família	
o equilíbrio	
a obesidade	
a delícia	
o hábito	
a causa	
a saúde	
o álcool	

7. Complete cada espaço com um dos seguintes verbos: *atirar, tirar, atrair, tomar, puxar* e *apanhar*.

1. _____ a bola
2. _____ o casaco
3. _____ uma constipação
4. _____ um café
5. _____ a porta
6. _____ uma flor
7. _____ o público
8. _____ a carteira da mala
9. _____ a atenção
10. _____ sol
11. _____ fotografias
12. _____ o metro
13. _____ o ladrão
14. _____ a caneta do chão
15. _____ a gaveta
16. _____ um comprimido
17. _____ a carta de condução
18. _____ banho
19. _____ as maçãs da árvore
20. _____ um dente

8. Complete as frases com as <u>preposições</u>, contraindo-as com os artigos quando necessário.

1. Deves ter mais cuidado _____ a tua alimentação.
2. O teu médico já te disse que devias deixar _____ fumar.
3. Antes de fazeres esse exame tens de estar seis horas _____ comer.
4. Estava exatamente _____ pensar _____ si.
5. A saúde também depende _____ a alimentação que se faz.
6. Não faço dieta _____ emagrecer, mas _____ me preocupar _____ a minha saúde.
7. Prefiro uma mesa _____ a zona de não-fumadores.
8. Ajudas-me _____ pôr a mesa?
9. Ontem comi num restaurante vegetariano _____ a primeira vez.
10. Quando entrei _____ o restaurante, perguntei _____ o empregado se tinha uma mesa _____ oito pessoas.
11. Não tens medo _____ voltar _____ casa sozinha _____ esta hora?
12. Quando chegámos _____ a paragem ele saiu rapidamente _____ o autocarro e desatou _____ correr.

9. Vamos rever algumas das formas verbais que já estudou? Complete o quadro.

Habitualmente...	Ontem...	Antigamente...	É impossível...	No próximo mês...
				eu irei
			nós virmos	
	eu pus			
		eles queriam		
eu posso				
			ela ver	
	nós trouxemos			
		você fazia		
				ele terá
			vocês dizerem	

10. Conhece alguma *receita* de um prato vegetariano? Escreva-a. Se não conhece nenhuma, escreva a *receita* de um prato que costume fazer, para os seus colegas experimentarem e provarem.

_____

_____

_____

_____

_____

_____

_____

_____

_____

_____

_____

_____

_____

_____

_____

_____

_____

_____

UNidade 6

1. **Complete os espaços com os verbos no *P.P.S.* ou no *Pretérito perfeito composto*.**

1. A última vez que eu _____ (ver) o Paulo _____ (ser) há 3 meses. Desde aí, não _____ (saber) notícias dele.

2. Nestes últimos tempos _____ (nós – ter) demasiado trabalho.

3. Ainda não _____ (eu – ter) férias este ano.

4. Já _____ (tu – ir) ao Canadá? Eu, desde que estou a trabalhar neste projeto, _____ (ir) lá várias vezes.

5. Como é que o senhor _____ (sentir-se) nos últimos dias?

6. No mês passado _____ (eu – arranjar) um novo trabalho. _____ (ter) muito menos *stress* do que tinha no anterior.

7. O que é que _____ (tu – fazer) desde janeiro? _____ (ser) em janeiro que _____ (estar) juntos pela última vez, não _____ (ser)?

8. Não te _____ (eu – ver) no ginásio há mais de um mês. Não _____ (tu – desistir), pois não?

2. **Complete o quadro.**

Verbo	Substantivo
esforçar	
	a competição
	o conselho
cansar	
	a motivação
tender	
	a utilidade
	a irritação
planear	
	a insistência
	a perturbação
	a calma

3. Complete as frases com as preposições *para* ou *por*.

1. Tenho muitos planos _____ o futuro.

2. Comprei este casaco _____ 30€ _____ oferecer à minha mãe.

3. Faço exercício físico _____ me descontrair.

4. Vieram _____ a autoestrada?

5. Eles devem chegar _____ as 11:00.

6. Precisava do carro pronto _____ amanhã.

7. Ela não foi connosco _____ se sentir muito cansada.

8. Vou de carro _____ chegar mais depressa.

9. A aula de *step* vai ser dada _____ a Isabel.

10. Desculpe, este autocarro vai _____ o Rossio?

11. Acho que o teste me correu mal _____ estar muito nervosa.

12. Vou tomar um comprimido _____ dormir melhor.

13. Importa-se de escrever a quantia _____ extenso?

14. Eles ficam em Lisboa _____ quinze dias.

4. Complete com as palavras que se relacionam com as definições dadas.

1. P _ _ _ _ _ _ _ _   Sonho muito mau.

2. B _ _ _ _ _ _   As pessoas usam-na no carro, para chamar a atenção em caso de perigo.

3. E _ _ _ _ _ _ _ _ _ _ _ _ _ _ _   Situação que sucede quando o trânsito não circula e todos os carros andam muito lentamente, formando longas filas.

4. H _ _ _ _ _ _ _ _ _ _ _ _ _ _ _   Aula de ginástica dentro de uma piscina.

5. A _ _ _ _ _ _ _ _ _ _   O excesso de *stress* pode provocar esta sensação.

6. I _ _ _ _ _ _ _ _   O que as pessoas têm quando não conseguem dormir. (plural)

5. Com um elemento de cada coluna forme expressões e faça uma frase que exemplifique o seu significado.

A	B
1. dar	a. em forma
2. levar	b. a horas
3. deitar	c. em pânico
4. deixar	d. fundo
5. fazer	e. uma desculpa
6. estar	f. a paciência
7. entrar	g. o risco
8. correr	h. a sério
9. gozar	i. falta
10. perder	j. para segundo plano
11. comer	k. para trás das costas
12. respirar	l. a vida

1. _____.

2. _____.

3. _____.

4. _____.

5. _____.

6. _____.

7. _____.

8. _____.

9. _____.

10. _____.

11. _____.

12. _____.

6. Complete o quadro com palavras com um <u>significado contrário</u>.

acordar	≠	
nervoso	≠	
rápido	≠	
manter	≠	
deitado	≠	
adiantado	≠	
diminuição	≠	
silêncio	≠	
esvaziar	≠	
atacar	≠	
divertido	≠	
ruído	≠	

7. Junte cada verbo com uma das expressões da coluna da direita e escreva uma frase com cada uma.

A	B
1. fazer	a. o tempo a
2. ter	b. importância a
3. passar	c. parte de
4. ter	d. para trás das costas
5. deitar	e. tendência para
6. dar	f. origem em

1. _____.

2. _____.

3. _____.

4. _____.

5. _____.

6. _____.

8. <u>Sopa de letras</u>. Encontre os nomes de <u>10</u> atividades desportivas.

```
R E H R E M O E I N A S T A
O S I R A M A N D O A E I S
E F D M D A L U P I T E U S
M O R D L A H O Q U E I Z A
C M O L I A B E T L N O A O
I V G O E S T O M E I L I F
N E I H I P I S M O S G O U
A L N A D O L U T O P O R T
T C A Z D G A R I N D E U E
A B S U L O N F A D A N I B
C U T E O L I O S O S D A O
A E I O T F R E O L I T E L
O P C R I E S G R I M A O E
L A A V R A V R I A N A I S
```

1. _____

2. _____

3. _____

4. _____

5. _____

6. _____

7. _____

8. _____

9. _____

10. _____

9. Acha que o *stress* faz obrigatoriamente parte das nossas vidas? Será que o *stress* é sempre negativo ou poderá também ser positivo? Quais são as consequências que o excesso de *stress* pode provocar? O que se deve fazer, na sua opinião, para ultrapassar uma situação destas?

Escreva um pequeno texto com a sua opinião sobre este tema.

UNidade
7

1. Junte as frases utilizando os pronomes: *que; quem; onde*. Faça as alterações necessárias.

1. Conheço uma boa clínica. Nessa clínica fazem essa cirurgia.

_____.

2. Aquele é um dermatologista. Ele esteve no congresso de ontem.

_____.

3. Precisa de carimbar a receita. O médico deu-lhe a receita.

_____.

4. Consegui marcar uma consulta para o reflexologista. Tu falaste-me desse reflexologista na semana passada.

_____.

5. A acupunctura é uma medicina alternativa. Esta medicina usa agulhas finíssimas para fazer o tratamento.

_____.

6. Sei de um excelente médico. Tu podes ir a esse médico no caso de precisares.

_____.

2. Sem olhar para a coluna *B*, veja se sabe qual é o médico especialista que se ocupa dos problemas relacionados com cada uma das especialidades que se encontram na coluna *A*. Em seguida, confirme as suas respostas, relacionando os elementos de cada coluna.

A	B
1. pele	a. estomatologista
2. ossos	b. gastroenterologista
3. dentes	c. obstetra
4. crianças	d. dermatologista
5. mente	e. cardiologista
6. estômago	f. ortopedista
7. olhos	g. psiquiatra
8. ouvidos, garganta e nariz	h. oftalmologista
9. coração	i. pediatra
10. partos	j. otorrinolaringologista

3. Complete as frases com estas expressões.

> As melhoras!   Boa sorte!   Boa viagem!
>
> Parabéns!   Muitas felicidades!   Com licença!   Não tem de quê.
>
> Que pena!   Que bom!

1. Então, já sei que te vais casar no próximo domingo. _____

2. Tens o exame já amanhã? _____

3. — Agradeço-lhe imenso.

    — _____

4. _____ Saio na próxima paragem.

5. — Vou-me deitar. Dói-me imenso a cabeça. Vou tomar um comprimido e vou ver se durmo.

    — Fazes bem. _____

6. Com que então fazes anos hoje e não dizias nada?! _____

7. — Afinal, amanhã não tenho reunião. Sempre podemos ir ao cinema.

    — _____

8. Olha, o avião parte daqui a meia hora. É melhor ires. _____

9. — Está? Olha, Rui é para te dizer que vou sair mais tarde. O jantar vai ter de ficar para

    outro dia.

    — _____

4. Complete com: *à* ou *há*.

1. Já _____ muito tempo que não te via. Não tens ido _____ faculdade?

2. — Hoje não _____ consultas de dermatologia?

    — Hoje não. Agora o doutor só dá consultas _____ segunda-feira.

3. Já estou _____ espera _____ mais de duas horas.

4. Vou _____ farmácia. Sabes se _____ alguma aqui perto?

5. — Ando _____ procura de um bom oftalmologista. Sabes de algum?

    — _____ um excelente que tem consultório mesmo ao pé de tua casa.

5. Encontre as palavras que nas duas colunas têm um significado mais próximo e ligue-as.

A

1. examinar
2. utente
3. cura
4. maneira
5. extraído
6. feito
7. ocorrer
8. associado
9. gratuito
10. garantir

B

a. elaborado
b. assegurar
c. observar
d. grátis
e. relacionado
f. utilizador
g. tratamento
h. modo
i. acontecer
j. retirado

6. Complete com: *há, desde e daqui a.*

1. _____ quanto tempo estás aqui?

2. _____ quando é que ele estuda português?

3. Só lhe posso marcar uma consulta _____ 3 semanas.

4. O Dr. Santos está fora _____ 3 semanas.

5. Uso óculos _____ os quinze anos.

6. Ela usa lentes de contacto _____ quinze anos.

7. _____ um mês já se vai sentir melhor.

8. Faço *shiatsu* _____ maio, uma vez por semana.

9. Já _____ mais de dois anos que só vou a consultas de homeopatia.

10. _____ umas duas semanas vamos ter um novo médico que também faz acupunctura.

7. Utilize uma destas palavras em cada frase de acordo com o seu sentido: *recibo / consulta / lista / cartão / receita / taxa.*

1. Para comprar este medicamento preciso de uma _____.

2. Hoje tenho de sair mais cedo. Tenho uma _____ às 16:45.

3. Antes de ser atendido, tem de se inscrever na receção e pagar uma _____.

4. São 24€. É só um momento. Dou-lhe já o seu _____.

5. Muitas pessoas que precisam de uma cirurgia têm de ficar numa _____ de espera durante muito tempo.

6. Tem aí o seu _____ dos Serviços Sociais?

8. Complete as frases com os <u>verbos</u> no tempo adequado.

1. Quando eu ontem _____ (chegar) ao consultório, o médico ainda não _____ (chegar).

2. Tu já alguma vez _____ (ir) ao Hospital de Santa Maria? É que eu _____ (ter) que lá ir amanhã e não _____ (saber) onde _____ (ficar).

3. Nos últimos dias _____ (eu – estar) muito cansado.

4. Bom dia. Nós _____ (querer) marcar uma consulta para amanhã.

5. Sr. Marques, _____ (tomar) estes comprimidos de 6 em 6 horas e não _____ (comer) gorduras.

6. A Drª Inês _____ (estar) na receção quando eu _____ (passar), mas ela não me _____ (ver).

7. _____ (ser) que eles já _____ (acabar) a consulta?

8. Quando eu _____ (ir) ao Porto no sábado passado o tempo _____ (estar) ótimo.

9. — Como _____ (estar) o tempo no próximo fim de semana?

   — Não _____ (eu – fazer) a mínima ideia. Nos últimos tempos o tempo _____ (estar) tão instável.

10. Este novo consultório _____ (ser) muito melhor. O antigo _____ (ser) muito mais pequeno e _____ (ficar) fora da cidade.

9. Complete o quadro com os <u>advérbios</u> correspondentes e faça uma frase com cada um deles.

Adjetivo	Advérbio	
bom		
mau		
rápido		
absoluto		
ruidoso		
antigo		
feliz		
último		

10. Escreva a sua opinião sobre o *sistema de saúde* do seu país para ser publicado num jornal diário.
Não use mais de <u>50</u> a <u>60</u> palavras.

_____

_____

_____

_____

_____

_____

_____

_____

_____

_____

_____

_____

_____

_____

_____

_____

UNidade
8

1. Passe as seguintes frases para a <u>voz passiva</u>.

1. A Catarina comprou este jornal?

   _____?

2. Vão inaugurar esse restaurante amanhã.

   _____.

3. Muitas pessoas têm comprado esse produto.

   _____.

4. Antigamente mais pessoas liam esta revista.

   _____.

5. O diretor já tinha avisado esse jornalista.

   _____.

6. Como é que se prepara este prato?

   _____?

7. Já fizeram o relatório?

   _____?

8. Tens de tomar esse medicamento depois do almoço.

   _____.

9. Ontem apresentaram a nova programação.

   _____.

10. Já mandaste a mensagem?

    _____?

11. Já prenderam os ladrões?

    _____?

12. Vão vender essa casa?

    _____?

13. Já tinham dito essa notícia?

    _____?

14. Para onde é que transportaram os feridos?

    _____?

15. Não podes trocar esse livro.

    _____.

2. Relacione cada verbo da coluna *A* com um elemento da coluna *B*.

A	B
1. combinar	a. um crime
2. dar	b. um livro
3. deixar	c. o telefone
4. cometer	d. um encontro
5. lançar	e. os parabéns
6. fazer	f. o jornal
7. abrir	g. um pedido
8. atender	h. uma mensagem

3. Junte as frases usando as expressões: *sempre que; quando; enquanto; durante; assim que*. Faça as modificações necessárias.

1. Tu escreves a carta. Eu leio o jornal.

   _____.

2. Tu chegaste. O telefone começou logo a tocar.

   _____.

3. Ele saiu. Nós ficámos a ver o filme.

   _____.

4. Nós vamos à praia. Ficas sempre constipado.

   _____.

5. É hora do jantar. Não vês televisão.

   _____.

4. Encontre o <u>erro</u>.
   Cada frase tem <u>1</u> ou <u>2</u> <u>erros</u>. Encontre-os e corrija-os.

1. Apesar de já é muito tarde, ainda vou escrever um *e-mail*.

2. Antigamente houve menos assaltos.

3. Esta notícia já foi dado pelos todos canais.

4. Eu vou nunca ao cinema na noite.

5. Quando pedi a conta, tu já tinhas pagado.

6. Eles só deram-lhe o troco correto depois de ele reclamou.

7. Ele esperou para o autocarro para uma hora.

8. De acordo da notícia, o ladrão já fui apanhado.

9. Ele voltou no Porto com avião.

10. Ultimamente via a Helena em Faculdade.

5. Faça <u>2 frases exemplificativas de dois significados diferentes</u> para cada palavra.

1. receita _____ .
_____ .

2. choque _____ .
_____ .

3. combinar _____ .
_____ .

4. doce _____ .
_____ .

5. decorar _____ .
_____ .

6. mandar _____ .
_____ .

7. mexer _____ .
_____ .

8. notas _____ .
_____ .

9. segundo _____ .
_____ .

10. apanhar _____ .
_____ .

11. lançar _____ .
_____ .

12. arranjar _____ .
_____ .

6. Complete com os verbos na forma correta do *Particípio Passado*.

1. O polícia foi _____ quando tentava capturar o assaltante. (morrer)
2. Quando eu entrei em casa, reparei que alguém tinha _____ as luzes da sala. (acender)
3. As crianças foram _____ por um bombeiro. (salvar)
4. Porque é que a televisão está _____? (acender)
5. A conta da luz tem de ser _____ até ao dia 7 deste mês. (pagar)
6. A encomenda será _____ amanhã de manhã. (entregar)
7. O primeiro prémio foi _____ por um atleta português. (ganhar)
8. Felizmente, todos os assaltantes foram _____. (prender)
9. Tenho que chamar o canalizador. Um cano da casa de banho está _____. (romper)
10. O tempo está muito húmido. A roupa ainda não está _____. (secar)

7. Complete o quadro com palavras com um <u>significado mais próximo</u>.

motivo	
aguardar	
abrandar	
enviar	
reclamar	
possuir	
pretender	
habitação	
voltar	
existir	

8. Faça uma <u>frase exemplificativa</u> do uso de cada uma das seguintes expressões.

1. **voltar a +** *Infinitivo*

_____.

2. **andar a +** *Infinitivo*

_____.

3. **passar a +** *Infinitivo*

_____.

4. **deixar de +** *Infinitivo*

_____.

5. **continuar a +** *Infinitivo*

_____.

9. Pense num acontecimento que ouviu ou viu e escreva uma pequena *notícia de jornal.*

_____

_____

_____

_____

_____

_____

_____

_____

_____

_____

_____

_____

_____

_____

_____

_____

_____

_____

_____

_____

_____

_____

_____

_____

_____

_____

_____

_____

_____

_____

UNidade
9

1. Responda às perguntas, usando o <u>verbo</u> e o <u>pronome pessoal</u> relativo à parte sublinhada. Faça as alterações necessárias.

1. Vocês deram *__o dinheiro__* *__à vendedora__*?

  _____.

2. Ele pôs *__a chave__* no bolso?

  _____.

3. Eles devolveram *__os produtos__*?

  _____.

4. Disseste *__o preço__* *__ao cliente__*?

  _____.

5. Já viram *__estas calças__* aqui?

  _____.

6. Pediste *__o tamanho maior__* *__à senhora__*?

  _____.

7. Ele pediu-*__te__* *__o outro mapa__*?

  _____.

8. O senhor fez *__o pedido__* por escrito?

  _____.

9. Vocês já informaram *__os clientes__* do aumento de preço?

  _____.

10. A senhora entregou *__o talão__* *__à minha colega__*?

  _____.

11. Já pediste *__a camisa à empregada__*?

  _____.

12. Já arrumaram *__as compras__* no carro?

  _____.

13. Ela fez *__as compras todas__*?

  _____.

14. Trouxeste-*__me os botões que te pedi__*?

  _____.

15. Eles levaram-*__te as compras__* a casa?

  _____.

2. Junte cada verbo com um elemento da segunda coluna e faça uma frase para exemplificar o significado de cada expressão.

A	B
1. regatear	a. medidas
2. tomar	b. saldos
3. ficar	c. em tentação
4. pôr	d. o preço
5. cair	e. um empréstimo
6. vender	f. bem
7. fazer	g. à disposição
8. pedir	h. a prestações

1. _____.
2. _____.
3. _____.
4. _____.
5. _____.
6. _____.
7. _____.
8. _____.

3. Complete as frases com os verbos *tentar* / *provar* / *experimentar*. Conjugue-os na forma correta.

1. Este arroz está uma delícia. Não queres _____?

2. Não sei se consigo passar no exame, mas, pelo menos, vou _____.

3. Tenho aqui esta camisola que deve ser o seu número. Não quer _____-la?

4. Acho que ele está a dizer a verdade, mas vai ter de _____ que estava no escritório quando tudo aconteceu.

5. Estou a fazer dieta, mas este bolo cheio de creme está a _____-me.

6. Hoje vou _____ um novo restaurante.

7. O senhor já _____ bacalhau à Gomes de Sá?

8. Hoje vou _____ encontrar a pastelaria de que me falaste.

9. Eu nunca _____ um café com natas. Acho que vou pedir um.

10. Corre! Despacha-te! Vamos _____ apanhar aquele autocarro. Se não o apanhamos, não conseguimos chegar a horas.

4. <u>Onde se compram estes produtos?</u>

Coloque as palavras que se encontram no quadro dentro da caixa adequada. Se se lembrar de mais produtos, acrescente os nomes dentro da caixa correspondente.

botões	lixívia	fiambre	pulseira	fruta
cera	relógio	legumes	queijo	
pão de leite	linha	tostas	presunto	peixe
agulha	anel	detergente	pão ralado	

Padaria	Drogaria	Retrosaria	Charcutaria	Joalharia	Mercado

5. Complete o quadro.

Verbo	Substantivo
reembolsar	
	a devolução
manchar	
	a troca
pressionar	
	a desculpa
	o consumo
estacionar	
	a arrumação
	a calma
reclamar	
	a decisão
transportar	
preferir	

6. Complete as frases com as seguintes palavras:

rendimento	prestações	desconto
orçamento	empréstimo	sinal

1. Preciso de fazer umas obras em casa, mas primeiro quero pedir um _____ para saber mais ou menos quanto é que vou gastar.

2. Não tenho o dinheiro todo para pagar o carro que quero comprar, mas posso pagar o resto em _____ .

3. O imposto que se tem de pagar depende do _____ de cada pessoa.

4. — Esqueci-me do livro de cheques e do multibanco, mas gostava de comprar esta prancha de *surf*. Podia reservá-la que eu venho buscá-la amanhã?

   — Com certeza. Mas terá de deixar um _____ .

5. No caso de pagar o carro a pronto, o senhor terá um _____ de 5%.

6. Para comprar casa, tenho de pedir um _____ ao banco.

7. Escreva em cada quadro vocabulário relacionado com os títulos.

Vestuário	Calçado	Mobiliário

Transportes	Passatempos	Eletrodomésticos

8. Imagine que vai a um restaurante e pede um bife de vaca, com batatas fritas e legumes salteados. Depois de esperar mais de 40 minutos, trazem-lhe um bife de porco, duro, batatas fritas frias e sem legumes. E o pior de tudo é que, no final, a conta traz um preço mais elevado do que aquele que estava assinalado na lista. No entanto, o empregado tentou sempre ser simpático, apesar de aparentemente não poder resolver o seu problema.

Decide pedir o *livro de reclamações* e escreve:

_____

_____

_____

_____

_____

_____

_____

_____

_____

_____

_____

_____

_____

_____

_____

_____

_____

_____

_____

_____

_____

UNidade
10

1. Complete com os verbos no *Gerúndio, Infinitivo* ou no *Particípio Passado.*

1. _____ (querer) sair na véspera de Santo António, tem de se ir cedo.

2. Não é aconselhável _____ (comer) muitas sardinhas à noite.

3. Muitas crianças divertem-se no Carnaval, _____ (mascarar-se) e _____ (atirar) serpentinas e papelinhos.

4. Eu convidei-a mas ela já tinha _____ (combinar) outra coisa para aquele dia.

5. Devia ser proibido _____ (atirar) as cascas das castanhas para o chão.

6. _____ (ter) qualquer problema com a canalização, contacte este canalizador, que é excelente e nada careiro.

7. As festas têm _____ (ser) transmitidas pela televisão.

8. _____ (tomar) banho depois do almoço é perigoso, pois pode ter uma congestão.

2. Complete com as palavras de acordo com as definições.

1. E _ _ _ _ _ _ _ _ _ _   Completamente molhado.

2. P _ _ _ _ _ _ _   Pessoa muito pobre que pede dinheiro nas ruas.

3. P _ _ _ _ _ _   Uvas secas que se comem no fim do ano (plural).

4. M _ _ _ _ _ _ _   Ornamento com que se cobre a cara e que se usa no Carnaval.

5. C _ _ _ _ _ _ _ _ _   Comem-se principalmente no dia de S. Martinho (plural).

6. M _ _ _ _ _ _ _ _   Grande número de pessoas.

7. V _ _ _ _ _ _ _   O dia anterior.

8. M _ _ _ _ _ _ _ _ _   Planta que muitos portugueses compram nos santos populares.

9. P _ _ _ _   Campo com árvores de fruto.

10. A _ _ _ _ _ _ _ _   Fruto seco coberto de açúcar que se come na Páscoa em Portugal (plural).

3. Complete as frases com:

por isso	afinal	se calhar
além disso		no entanto

1. O sapateiro repara todo o tipo de calçado. _____, se tem alguns sapatos que precisam de capas ou meias solas, ele é a pessoa ideal para os pôr como novos.

2. O céu está todo encoberto. _____ ainda vai chover.

3. As ruas de Alfama são muito estreitas. _____, milhares de pessoas vão para lá na noite de Santo António, para comer, beber e ouvir música.

4. Pensava que não gostava de sardinhas assadas, mas _____ decidi provar uma e adorei. Acho que vou pedir mais meia dúzia.

5. Vou comprar um pacote de castanhas assadas. Adoro castanhas e, _____, estas que se vendem na rua têm um sabor especial.

4. Complete com as <u>preposições</u>, contraindo-as com o artigo, quando necessário.

1. _____ que horas é que ela chegou _____ casa ontem?

2. _____ o mês de junho os Santos Populares são festejados _____ muita gente um pouco _____ todo o país.

3. Muitas pessoas estão _____ a janela _____ os desfiles _____ o Carnaval.

4. Gosto imenso _____ passear _____ as ruas _____ os bairros populares.

5. Preciso _____ um sapateiro. Conheces algum?

6. Acabei _____ assar as castanhas. Vamos comê-las enquanto estão quentes.

7. _____ o outono começam _____ aparecer os vendedores de castanhas.

8. Explica _____ a Helena o que faz o amolador.

9. O aumento dos preços deve-se _____ a crise económica.

10. Comprei uma cautela _____ o número 5 _____ 7 €.

5. Complete com os verbos: *encontrar, procurar, buscar, trazer e levar.* Conjugue-os na forma adequada.

1. _____ o livro que te emprestei? Dá-o cá. Ainda bem que não te esqueceste.

2. Não sei onde estão os meus óculos. Tenho de _____-los por toda a parte.

3. Precisas do dicionário? Espera aí que eu vou _____-lo ao escritório. É só um minuto.

4. No caso de (tu) _____ o número de telefone do dentista, dá-mo porque estou a precisar de marcar uma consulta.

5. Por acaso, ontem tu não _____ a minha caneta para casa por engano?

6. Escreva o nome das <u>profissões</u> que se encontram definidas.

1. Pessoa que repara todo o tipo de calçado. _____

2. Pessoa que vende lotaria pelas ruas. _____

3. Pessoa que lava, corta e seca o cabelo de clientes. _____

4. Pessoa que anda pelas ruas e afia facas e tesouras. _____

5. Pessoa que engraxa os sapatos das pessoas na rua. _____

6. Pessoa que faz e arranja roupa à mão. _____

7. Pessoa que distribui o correio pelas casas. _____

8. Pessoa que toma conta de crianças dos 3 aos 6 anos de idade. _____

9. Pessoa que conduz um táxi. _____

10. Pessoa que joga futebol. _____

11. Pessoa que fala na rádio. _____

12. Pessoa que faz trabalhos em madeira. _____

7. <u>Responda</u> às perguntas só com o <u>verbo</u>. No caso de querer, também pode usar o <u>pronome de complemento direto</u>, para substituir a parte em itálico.

1. Fizeste *os convites?* _____.
2. Foram aos Santos Populares? _____.
3. Puseste *a mesa* lá fora? _____.
4. Vocês já assaram *as castanhas?* _____.
5. Puseram *os manjericos* à venda? _____.
6. Encontraram *os vossos amigos?* _____.
7. Vocês viram *as marchas?* _____.
8. Eles vestiram *os fatos tradicionais?* _____.
9. Vocês conheciam *essa lenda?* _____.
10. Ela pôs *a toalha* na mesa? _____.
11. Eles leram *o programa das festas?* _____.
12. Vocês trouxeram *o vinho?* _____.
13. Ouves sempre *essas canções?* _____.
14. Hoje vestes *este casaco?* _____.
15. Afinal, ele faz *a festa* hoje? _____.

8. Na sua cidade, vila ou aldeia existe alguma *festa popular*? Escreva sobre essa festa, descrevendo-a. No caso de não haver qualquer festa, tente lembrar-se de alguma festa tradicional a que já assistiu.

_____
_____
_____
_____
_____
_____
_____
_____
_____
_____
_____

Unidade
11

1. Coloque os <u>pronomes pessoais</u> na forma e na posição corretas, de acordo com as regras do <u>Português Europeu</u>.

1. Eu lhe disse que nós o fazíamos.

   _____.

2. Nós o convidámos, mas ele nos disse que não podia.

   _____.

3. Amanhã eu vou telefonar para você.

   _____.

4. Eu me levanto bem cedo para ir trabalhar.

   _____.

5. Ela me diz sempre o mesmo.

   _____.

6. Muito obrigada. Vocês me fizeram uma surpresa maravilhosa.

   _____.

7. Ela pegou na caneta e a pôs na bolsa.

   _____.

8. Que bolo delicioso! E você o fez só em meia hora?

   _____?

2. Leia as frases e faça as <u>alterações necessárias</u>, de forma a ter a versão mais usada no <u>Português Europeu</u>.

1. Nos fins de semana eles jogam futebol.

   _____.

2. Sua esposa e seus filhos almoçam em casa?

   _____?

3. Vamos na praia?

   _____?

4. Como você vai para casa?

   _____?

5. Onde vocês vão em janeiro?

   _____?

6. Esse ator chegou no Rio de Janeiro.

   _____.

7. Quando você viu esse espetáculo?

   _____?

8. Me dá um café, seu Ernesto.

_____ .

9. Nosso filho está viajando nos Estados Unidos.

_____ .

10. Pois não? Posso ajudar, dona?

_____ ?

11. Hoje tomei o ônibus errado.

_____ .

3. Sabe como se dizem estas palavras em Portugal?

1. favela   _____

2. suco   _____

3. café da manhã   _____

4. banheiro   _____

5. ônibus   _____

6. trem   _____

7. aterrizar   _____

8. aeromoça   _____

9. ginásio   _____

10. calças *jeans*   _____

4. Substitua a forma destacada que se usa no Brasil pela correspondente, mais usada em Portugal.

1. Ele saiu **correndo** do banco.

_____ .

2. Já estávamos **dormindo**, quando ele chegou.

_____ .

3. Estive **fazendo** um trabalho muito interessante.

_____ .

4. Está **chovendo** muito?

_____ ?

5. Quando estava **falando** com ela, apareceu o Carlos.

_____ .

6. O que estão **fazendo** aí?

_____ ?

5. Não se esqueça de que no Brasil o Imperfeito não tem valor de Condicional.
Substitua o *Condicional* pelo *Imperfeito*, tal como é comum em Portugal.

1. *Gostaria* muito de visitar esse país.

_____.

2. *Poderia* dizer-me o preço dessa camisola?

_____?

3. Eu *faria* essa viagem com muito gosto, mas o problema é que não tenho dinheiro.

_____.

4. Eles disseram que só me *telefonariam* amanhã.

_____.

5. *Seria* melhor eles virem mais cedo.

_____.

6. A Eunice é brasileira e veio para Portugal à procura de uma vida melhor. Complete o texto que ela escreveu sobre a sua vida desde que chegou. Conjugue os <u>verbos</u> no tempo adequado.

Quando _____(sair) do Brasil muitas coisas mudaram. Já _____(chegar) a Portugal há um ano e ainda hoje _____(ter) alguns problemas com a língua. Quando os portugueses _____(falar) muito depressa, por vezes ainda não _____(conseguir) entender tudo. No início, não _____ (ser) fácil encontrar um trabalho. Três ou quatro semanas depois de _____ (estar) em Lisboa, _____ (começar) a trabalhar num restaurante. O meu chefe _____ (ser) uma pessoa muito simpática e os clientes _____ (gostar) bastante de mim. De dia _____(trabalhar) no restaurante e à noite _____ (estudar) numa escola de línguas. _____ (decidir) estudar inglês e _____(fazer) um curso de seis meses.

Hoje já não _____ (trabalhar) no restaurante. Na semana passada _____ (arranjar) trabalho num hotel de Lisboa e hoje _____ (ser) rececionista e _____ (ter) um salário bem melhor.

7. *Gostaria de ir ao Brasil?* Escreva a um/a amigo/a e tente convencê-lo/a a ir consigo.

Explique porque é que essa viagem seria interessante e quais os planos que tem.

_____

_____

_____

_____

_____

_____

_____

_____

_____

_____

_____

_____

_____

_____

_____

_____

_____

_____

_____

_____

_____

_____

_____

_____

Unidade
12

1. Substitua o <u>relativo invariável</u> pela forma <u>variável</u> correspondente.

1. A camioneta **em que** viajámos andava muito depressa.
   A camioneta **na qual** viajámos andava muito depressa.

2. Os amigos com quem fomos ao cinema moram perto de ti.

   _____.

3. Os vendedores de que te falei ontem são aqueles ali.

   _____.

4. O quarto em que dormiste esta noite é o melhor de todos.

   _____.

5. O homem para quem eu trabalho é muito simpático.

   _____.

6. Hoje vou fazer o doce de que vocês gostam tanto.

   _____.

2. Complete o quadro.

Verbo	Substantivo
saborear	
	o encanto
soar	
	o funcionamento
enfeitiçar	
	a exploração
consultar	
cheirar	
	o curandeiro
	o cantor

3. Ligue as duas frases com um <u>pronome relativo</u>.

1. Os produtos são frescos. Os produtos são vendidos neste mercado.

   _____.

2. Qual é o nome do bolo? Nós comemos o bolo ontem.

   _____.

3. O vendedor era muito antipático. O vendedor atendeu-nos.

   _____.

4. Li uma crítica no jornal. Eu não concordo com ela.

_____.

5. A agência está fechada. Aluguei o carro a essa agência.

_____.

6. Eu trabalho para o jornal. O diretor do jornal apareceu na televisão.

_____.

4. Complete as frases com _ir + Gerúndio_.

A. Enquanto eu vou ao mercado, tu...

1. _____ (fazer) as camas.

2. _____ (limpar) o pó.

3. _____ (lavar) a loiça do pequeno-almoço.

4. _____ (pôr) a roupa na máquina.

B. Enquanto ele canta mais uma morna, eu...

1. _____ (servir) as bebidas.

2. _____ (atender) os clientes.

3. _____ (pôr) as mesas que ficaram livres.

4. _____ (receber) o dinheiro dos clientes que querem pagar.

5. Transforme as perguntas em pedidos, usando o _Imperativo_. Siga o exemplo.

> _Podia trazer_-me mais um café?
> **_Traga_**-me mais um café, por favor.

1. **_Podias dar_**-me esse dicionário?

_____.

2. Amanhã **_podiam vir_** mais cedo?

_____.

3. **_Podia dar_**-me um recibo?

_____.

4. *Podias dizer*-me as horas?

_____.

5. *Podia tocar* outra música?

_____.

6. *Podia arranjar*-me dinheiro trocado?

_____.

7. *Podiam telefonar*-me mais tarde?

_____.

8. *Podias fazer* um bolo de chocolate para o lanche?

_____.

6. **Substitua as formas verbais pelo** *Condicional* **ou pelo** *Futuro do Indicativo*, **conforme as frases.**

1. *Adorava* passar férias em Cabo Verde.

_____.

2. O avião *vai partir* às 17:30.

_____.

3. *Hei de ir* à ilha de Bazaruto no próximo ano.

_____.

4. No caso de os teus amigos gostarem, *podíamos* ir a uma discoteca africana.

_____.

5. Eles *vão voltar* a Portugal para nos visitar.

_____.

6. Para o jantar *podias* fazer bacalhau com natas.

_____.

7. *Gostava* de conhecer Cabo Verde.

_____.

8. Eu *ia* contigo de férias, mas infelizmente tenho de trabalhar.

_____.

9. Tenho a certeza de que ela *vai trazer* uma lembrança para ti.

_____.

10. No próximo fim de semana *vamos* a uma discoteca angolana.

_____.

7. Já alguma fez *visitou um país africano*, para férias ou por trabalho? Se já o fez, conte a sua viagem: onde foi, com quem foi, a razão da viagem, o que visitou, o que mais gostou ou não gostou, quais os costumes diferentes, etc.

UNIDADE 1

1.

estamos; estivemos
leio; lia
foram; eram
vemos; víamos
viemos; vínhamos
querem; quiseram
puseste; punhas
visto; vestia
saí; saía
dás; deste

2.

1. vou; fui; ia
2. pomos; puseram; punha; está a pôr; vai pôr
3. vemos; viste; via; estão a ver; vamos ver
4. tens; tivemos; tínhamos; está a ter; vão ter
5. traz; trouxeste; trazia; estás a trazer; vamos trazer

3.

1. No próximo ano nós vamos comprar um carro novo.
2. Todos os dias eu ouço as notícias, enquanto faço o jantar.
3. Antigamente tu ias para a escola de bicicleta.
4. Ontem à noite nós vimos um filme muito interessante.
5. Tu já vieste a este restaurante?
6. Traga-me a conta, por favor.
7. Quando eu era criança, tinha aulas de piano.
8. Ontem nós tivemos exame de matemática.

4.

1. em; na
2. No; em; para
3. para; do
4. de; na; a
5. ao; para
6. para; de; de; com; da
7. A; ao
8. de; para
9. em; nos
10. a; em

5.

arrogante
simpático
ambicioso
lutador
estudioso
preguiçoso
trabalhador
culto
vaidoso
simples

6.

1. Que línguas é que ela fala?
2. Qual foi a viagem mais interessante que fizeste / fez?
3. Com quem é que os teus / seus pais foram à ópera? Aonde é que os teus / seus pais foram?
4. Como eram os teus / seus colegas da Suécia?
5. Quantas vezes por semana é que jogas / joga ténis?
6. Em que restaurante é que eles almoçaram ontem?
7. Por onde é que este autocarro passa?
8. Como correu a viagem ao Brasil?
9. Com quem é que foste sair ontem?
10. De que é que eles estavam a falar?

7.

1. fomos; gostámos
2. estava; fiquei; tinha; havia
3. dizia
4. Adorava; fui
5. estive; fiz; fui; fiz; Almocei; saí; estava
6. era; tinha
7. viste
8. trabalhei; eram; saí
9. dormi; Tive; Sonhei; estava; conseguia
10. mexeste; tinha
11. sentiu-se; foi; teve; havia
12. vínhamos; encontrámos; ia

8.

1. nasceu
2. igual
3. profissional
4. livre
5. adorar
6. bonito
7. moderno / novo
8. norte
9. primeira
10. perto
11. no fim / no final
12. perder
13. qualidade
14. péssimo
15. comecei
16. trabalhador
17. antipático

18. aberto
19. vinha
20. foi

UNIDADE 2

1.

1. No caso de procurar emprego, compro o jornal.
2. Depois de estender a roupa, aspire a casa.
3. Apesar de ele ter boas notas, ainda tem de fazer um exame final.
4. Antes de irem para a mesa, lavem as mãos.
5. Telefonem para a agência para alugarem o carro.
6. Ele não vem por ter muito trabalho.
7. Ao entrarmos no restaurante, vimos o António.
8. Não vão ao médico sem primeiro marcarem consulta.

2.

1. d.	6. f.
2. g.	7. i.
3. j.	8. h.
4. b.	9. c.
5. a.	10. e.

3.

1. Sabes
2. conheci
3. consegui; Conheces
4. pode
5. deve
6. Devemos
7. Podia / Pode
8. consigo

4.

1. siga; vire
2. apanhem
3. dê
4. venham; lavem
5. Introduza; marque
6. traz
7. toques
8. abram; leiam

5.

1. e.	6. c.
2. f.	7. a.
3. h.	8. b.
4. i.	9. g.
5. j.	10. d.

6.

1. desça
2. estacionarmos
3. Entrem; sentem-se
4. passei; vi; estava; viu
5. gostei; foi; ser; ser
6. éramos; costumavam; iam
7. estava; me queimei
8. precisares; diz; Conheço
9. irmos; há
10. Queria

7.

o aluguer	alugar
o pagamento	pagar
a gordura	gordo
a limpeza	limpar
a preferência	preferir
a devolução	devolver
a entrega	entregar
a reparação	reparar
o pedido	pedir
a festa	festejar
o conselho	aconselhar
o aquecimento	aquecer

8.

A. torradeira
B. veio
C. coser
D. gravar
E. chave
F. pusemos
G. vermos
H. tapete
I. ferro
J. galeria

UNIDADE 3

1.

ver	visto
ir	ido
ler	lido
ganhar	ganho
vir	vindo
comprar	comprado
pagar	pago
beber	bebido
fazer	feito
gastar	gasto
trazer	trazido
ser	sido

vestir   vestido
limpar   limpo
escrever   escrito
viajar   viajado
dizer   dito
dar   dado
abrir   aberto
pôr   posto

2.

1. chegámos; tinha começado
2. vimos; tinha visto
3. trouxe; vi; me tinha esquecido
4. soube; tínhamos falado
5. Trouxeste; tinha pedido
6. fizeste; tinha posto
7. tínhamos acabado; telefonou
8. cheguei; tinha partido

3.

gostar / adorar
barato
desonesto
o sucesso
poucas / raras
livre / desocupado
proibido
desumano
ilegal
injusto
irreal
desvantagem

4.

1. FADO
2. NOTICIÁRIO
3. LEGENDAS
4. PASSATEMPOS
5. CONCURSO
6. ATOR
7. SAUDADE
8. GUITARRA

5.

1. Mandei-**lhe**.
2. Recebi-**a**.
3. Trouxemo-**los**.
4. Telefonei-**lhe**.
5. Convidaram-**nos**.
6. Fi-**los**.
7. Compreendi-o.
8. Deram-**lhes**.
9. Desliguei-**a**.
10. Vi-**o**.

11. Reservaram-**nos**.
12. Pu-**la**..

6.

1. o	6. o	11. o	16. a
2. os	7. a	12. a	17. a
3. o	8. o	13. o	18. a
4. a	9. a	14. a	19. a
5. a	10. o	15. o	20. a

7.

1. na; de	9. a; de	17. no; de
2. de	10. em	18. à / de
3. em	11. no	19. no
4. às	12. no; do	20. aos
5. ao	13. no; de	21. na
6. às; da	14. no	22. na
7. no	15. na	23. à
8. nas	16. à; da	24. de; em

8.

1. ...gostava...
2. ...desumano.
3. ...é que ele chegou...
4. ...pago.
5. ...chegarem, ...tudo.
6. ...à...de manhã?
7. ...encontrei...estava...
8. ...sonhei contigo.
9. ...na estação e apanhou...
10. Para mim, ...demasiado triste.
11. ...para ouvir fado.
12. ...tu compreenderes...sem saberes...

UNIDADE 4

1.

1. ...estará...
2. ...haverá...
3. ...ganharei...
4. ...trarão...
5. ...farão...
6. ...saberemos...
7. ...correrá...
8. ...haverá...
9. ...serão...
10. ...dirá...

2.

a nuvem	**nublado**
a chuva	chuvoso
a atualidade	**atual**
o calor	**quente**

o vento	ventoso
a ambição	**ambicioso**
o cuidado	cuidadoso
a superstição	**supersticioso**
o perigo	**perigoso**
o trabalho	trabalhador

3.

1. Eles **gostarão** de bacalhau?
2. Ele **chegará** a horas?
3. Ele **fará** este trabalho?
4. Eu **conseguirei** compreender o filme?
5. Ela **irá** connosco?
6. Eles **virão** jantar?
7. Eu **saberei** fazer esse exercício?
8. Ele **lerá** esse jornal?
9. Elas **trarão** as bebidas?
10. Ela **porá** o casaco aqui?

4.

a subida
mínima
o interior
aumentar
jovem
trabalhador
dificultar
forte
o calor
piorar

5.

1. Eles **hão de visitar-nos**.
2. **Havemos de saber**...
3. **Hás de conhecer**...
4. **Havemos de ter**...
5. **Hás de ser**...
6. **Havemos de ter**...
7. **Hei de aprender**...
8. A senhora também **há de ter**...

6.

(existem outras possibilidades)

1. Ele chegou atrasado por causa das inundações.
2. Houve imenso trânsito, mas consegui chegar a horas.
3. Não me molhei porque tinha guarda-chuva. / Como tinha guarda-chuva, não me molhei.
4. Quando começou a chover, abri o guarda-chuva.
5. Como em Lisboa nunca há neve, vou à Serra da Estrela. / Vou à Serra da Estrela, porque em Lisboa nunca há neve.
6. Vou ficar em casa a ver televisão, pois está muito frio lá fora. / Como está muito frio lá fora, vou ficar em casa a ver televisão.

7.

1. quente, aquecer
2. chuva, chuvoso, chuvada, chuvisco
3. limpar, limpo
4. pescador, pesca
5. abrir, aberto, abertura
6. ajudar, ajudante

8.

1. trovão, relâmpago, chuva, vento...
2. calor, frio, subida, descida, quente...
3. azul, cinzento, nublado, limpo, encoberto...
4. frio, chuva, neve, trovoada...
5. gato preto, treze, astrologia, azar, sorte...
6. marinheiro, barco, praia, onda, nadar...

9.

1. fluentemente
2. diariamente
3. alegremente
4. facilmente
5. fortemente
6. rapidamente

UNIDADE 5

1.

1. **Gostaríamos**...
2. Eu **iria**...
3. **Deverias**...
4. A senhora **poderia**...
5. **Gostaria** de lhe perguntar se **seria**...
6. Eu não **teria**...

2.

1. f.	6. d.
2. h.	7. a.
3. g.	8. j.
4. i.	9. e.
5. b.	10. c.

3.

1. Ela disse que iam preparar...
2. Ela perguntou o que é que eu tinha feito para o jantar do dia anterior.
3. Ela perguntou como é que eu tinha vindo...
4. Ela perguntou quem me tinha dito que ele estava doente.
5. Ela disse que ia deixar de fumar.
6. Ela disse que o avião deveria...
7. Ela disse que eles tinham bebido imenso...
8. Ela disse que a festa seria...

4.

1.	d.	6.	g.
2.	e.	7.	h.
3.	b.	8.	i.
4.	a.	9.	f.
5.	j.	10.	c.

5.

1. têm
2. pedir
3. vire / corte
4. Vale
5. marcar
6. fazer
7. acender
8. tem
9. tirar
10. faz
11. Emprestas-me
12. trazer-me (dar-me)

6.

estranho
abundante
gordo
rigoroso
familiar
equilibrado
obeso
delicioso
habitual
causador
saudável
alcoólico

7.

1. atirar
2. tirar
3. apanhar
4. tomar
5. puxar
6. apanhar
7. atrair
8. tirar
9. atrair
10. apanhar
11. tirar
12. apanhar
13. apanhar
14. apanhar
15. puxar
16. tomar
17. tirar
18. tomar
19. apanhar
20. tirar

8.

1.	com	7.	na
2.	de	8.	a
3.	sem	9.	pela
4.	a; em	10.	no; ao; para
5.	da	11.	de; para; a
6.	para; por; com	12.	à; do; a

9.

vou; fui; ia; ir;
vimos; viemos; vínhamos; viremos
ponho; punha; pôr; porei
querem; quiseram; quererem; quererão
pude; podia; poder; poderei
vê; viu; via; verá,
trazemos; trazíamos; trazermos; traremos
faz; fez; fazer; fará
tem; teve; tinha; ter
dizem; disseram; diziam; dirão

UNIDADE 6

1.

1. vi; foi; tenho sabido
2. temos tido
3. tive
4. foste; tenho ido
5. se tem sentido
6. arranjei; Tenho tido
7. tens feito; Foi; estivemos; foi
8. tenho visto; desististe

2.

esforçar	o esforço
competir	a competição
aconselhar	o conselho
cansar	o cansaço
motivar	a motivação
tender	a tendência
utilizar	a utilidade
irritar	a irritação
planear	o plano
insistir	a insistência
perturbar	a perturbação
acalmar	a calma

3.

1. *para*
2. *por; para*
3. *para*
4. *pela*
5. *pelas*
6. *para*
7. *por*
8. *para*
9. *pela*
10. *para*
11. *por*
12. *para*
13. *por*
14. *por*

4.

1. *PESADELO*
2. *BUZINA*
3. *ENGARRAFAMENTO*
4. *HIDROGINÁSTICA*
5. *ANSIEDADE*
6. *INSÓNIAS*

5.

1. *e.*   7. *c.*
2. *h.*   8. *g.*
3. *k*   .   9. *l.*
4. *j.*   10. *f.*
5. *i.*   11. *b.*
6. *a.*   12. *d.*

6.

adormecer
calmo
lento
mudar
levantado
atrasado
aumento
barulho
encher
defender
chato; aborrecido
silêncio

7.

1. *c.*
2. *e.*
3. *a.*
4. *f.*
5. *d.*
6. *b.*

8.

```
R E H R E M O E I N A S T A
O S F I R A M A N D O A E I S
E F D M D A L U P I T E U S S
M O R D L A H O Q U E I Z A O
C M V G L I A B E T L N O I I
I V G O E S T O M E I L O I F
N E I H I P I S M O S G O U
A L N A D O L U T O P O R T
T C A Z D G A R I N D E U E
A B S U L O A N F A D A N I B
C U T E O L I O S O S D A O
A E I O T F R E O L I T E L
O P C R I E S G R I M A O E
L A A V R A V R I A N A I S
```

UNIDADE 7

1.

1. *Conheço uma boa clínica onde fazem essa cirurgia.*
2. *Aquele é um dermatologista que esteve no congresso de ontem.*
3. *Precisa de carimbar a receita que o médico lhe deu.*
4. *Consegui marcar uma consulta para o reflexologista de quem / que tu me falaste na semana passada.*
5. *A acupunctura é uma medicina alternativa que usa agulhas finíssimas para fazer o tratamento.*
6. *Sei de um excelente médico a quem tu podes ir no caso de precisares.*

2.

1. *d.*   6. *b.*
2. *f.*   7. *h.*
3. *a.*   8. *j.*
4. *i.*   9. *e.*
5. *g.*   10. *c.*

3.

1. *Muitas felicidades!*
2. *Boa sorte!*
3. *Não tem de quê.*
4. *Com licença!*
5. *As melhoras!*
6. *Parabéns!*
7. *Que bom!*
8. *Boa viagem!*
9. *Que pena!*

4.

1. *há; à*
2. *há; à*
3. *à; há*
4. *à; há*
5. *à; Há*

5.

1. *c.*	6. *a.*
2. *f.*	7. *i.*
3. *g.*	8. *e.*
4. *h.*	9. *d.*
5. *j.*	10. *b.*

6.

1. *Há*
2. *Desde*
3. *daqui a*
4. *há*
5. *desde*
6. *há*
7. *Daqui a*
8. *desde*
9. *há*
10. *Daqui a*

7.

1. *receita*
2. *consulta*
3. *taxa*
4. *recibo*
5. *lista*
6. *cartão*

8.

1. *cheguei; tinha chegado*
2. *foste; tenho; sei; fica*
3. *tenho estado*
4. *queríamos*
5. *tome; coma*
6. *estava; passei; viu*
7. *Será; acabaram*
8. *fui; estava*
9. *estará; faço; tem estado*
10. *é; era; ficava*

9.

bem
mal
rapidamente
absolutamente
ruidosamente
antigamente
felizmente
ultimamente

UNIDADE 8

1.

1. *Este jornal foi comprado pela Catarina?*
2. *Esse restaurante vai ser inaugurado amanhã.*
3. *Esse produto tem sido comprado por muitas pessoas.*
4. *Antigamente esta revista era lida por mais pessoas.*
5. *Esse jornalista já tinha sido avisado pelo diretor.*
6. *Como é que este prato é preparado?*
7. *O relatório já foi feito?*
8. *Esse medicamento tem de ser tomado depois do almoço.*
9. *A nova programação foi apresentada ontem.*
10. *A mensagem já foi mandada?*
11. *Os ladrões já foram presos?*
12. *Essa casa vai ser vendida?*
13. *Essa notícia já tinha sido dita?*
14. *Para onde é que os feridos foram transportados?*
15. *Esse livro não pode ser trocado.*

2.

1. *d.*	5. *b.*
2. *e.*	6. *g.*
3. *h.*	7. *f.*
4. *a.*	8. *c.*

3.

1. *Tu escreves a carta enquanto eu leio o jornal.*
2. *Assim que tu chegaste, o telefone começou logo a tocar.*
3. *Quando ele saiu, nós ficámos a ver o filme.*
4. *Sempre que nós vamos à praia, tu ficas constipado.*
5. *Durante a hora do jantar não vês televisão.*

4.

1. *Apesar de já **ser** muito tarde, ainda vou escrever um e-mail.*
2. *Antigamente **havia** menos assaltos.*
3. *Esta notícia já foi **dada por** todos **os** canais.*
4. *Eu **nunca** vou ao cinema **à** noite.*
5. *Quando pedi a conta, tu já tinhas **pago**.*
6. *Eles só **lhe** deram o troco correto depois de ele **reclamar**.*
7. *Ele esperou **pelo** autocarro por / **durante** uma hora.*
8. *De acordo **com a** notícia, o ladrão já **foi** apanhado.*
9. *Ele voltou **para o** / **do** Porto **de** avião.*
10. *Ultimamente **tenho visto** a Helena **na** Faculdade.*

5.

1. • receita de culinária
   • receita médica
2. • ficar chocado com uma notícia, por exemplo
   • colisão entre dois veículos
3. • marcar um encontro, por exemplo
   • conjugar cores, roupa, etc.
4. • nome: doce de morango, etc.
   • adjetivo: contrário de amargo
5. • memorizar
   • enfeitar
6. • enviar
   • ordenar
7. • misturar
   • movimentar
   • mexer em / tocar em
8. • de dinheiro (papel)
   • classificação obtida em exames ou testes
9. • numeral ordinal
   • de acordo com
10. • apanhar um transporte
    • apanhar uma doença
    • apanhar uma bola
    • apanhar sol
11. • lançar um livro
    • lançar a bola
12. • reparar
    • conseguir / obter

6.

1. morto
2. acendido
3. salvas
4. acesa
5. paga
6. entregue
7. ganho
8. presos
9. roto
10. seca

7.

razão
esperar
diminuir
mandar
protestar
ter
querer
casa
regressar
haver

8.

1. fazer algo outra vez
2. ação contínua
3. mudar de atitude/hábito
4. parar de fazer algo
5. ideia de continuação de ação

UNIDADE 9

1.

1. Demos-**lho**.
2. Pô-**la**.
3. Devolveram-**nos**.
4. Disse-**lho**.
5. Vimo-**las**.
6. Pedi-**lho**.
7. Pediu-**mo**.
8. Fi-**lo**.
9. Informámo-**los**.
10. Entreguei-**lho**.
11. Pedi-**lha**.
12. Arrumámo-**las**.
13. Fê-**las**.
14. Trouxe-**tos**.
15. Levaram-**mas**.

2.

1. d.		5. c.
2. a.		6. h.
3. f. (g.)		7. b.
4. g.		8. e.

3.

1. provar
2. tentar
3. experimentá
4. provar
5. tentar
6. experimentar
7. provou
8. tentar
9. provei
10. tentar

4.

Padaria:	pão de leite; tostas; pão ralado
Drogaria:	lixívia; cera; detergente
Retrosaria:	botões; linha; agulha
Charcutaria:	fiambre; queijo; presunto
Joalharia:	pulseira; relógio; anel
Mercado:	fruta; legumes; peixe

5.

reembolsar	**o reembolso**
devolver	a devolução
manchar	**a mancha**
trocar	a troca
pressionar	**a pressão**
desculpar	a desculpa
consumir	o consumo
estacionar	**o estacionamento**
arrumar	a arrumação
acalmar	a calma
reclamar	**a reclamação**
decidir	a decisão
transportar	**transporte**
preferir	**a preferência**

6.

1. orçamento
2. prestações
3. rendimento
4. sinal
5. desconto
6. empréstimo

7. *(As soluções são muito variadas.)*

UNIDADE 10

1.

1. Querendo
2. comer
3. mascarando-se; atirando
4. combinado
5. atirar
6. Tendo
7. sido
8. Tomar

2.

1. ENCHARCADO
2. PEDINTE
3. PASSAS
4. MÁSCARA
5. CASTANHAS
6. MULTIDÃO
7. VÉSPERA
8. MANJERICO
9. POMAR
10. AMÊNDOAS

3.

1. Por isso

2. Se calhar
3. No entanto
4. afinal
5. além disso

4.

1. A; a
2. No; por; por
3. à; nos; do
4. de; pelas/nas; dos
5. de
6. de
7. No; a
8. à
9. à
10. com; por

5.

1. Trouxeste
2. procurá
3. buscá
4. encontrares
5. levaste

6.

1. sapateiro
2. cauteleiro
3. cabeleireiro
4. amolador
5. engraxador
6. costureira
7. carteiro
8. educadora de infância
9. taxista
10. futebolista
11. locutor
12. carpinteiro

7.

1. Fi-**los**
2. Fomos.
3. Pu-**la**.
4. Assámo-**las**.
5. Pusemo-**los**.
6. Encontrámo-**los**.
7. Vimo-**las**.
8. Vestiram-**nos**.
9. Conheciamo-**la**.
10. Pô-**la**.
11. Leram-**no**.
12. Trouxemo-**lo**.
13. Ouço-**as**.
14. Visto-**o**.
15. Fá-**la**.

UNIDADE 11

1.

1. Eu **disse-lhe** que...
2. ...**convidámo-lo**, mas ele **disse-nos** que...
3. ...eu vou **telefonar-lhe**.
4. Eu **levanto-me**...
5. Ela **diz-me**...
6. ...Vocês **fizeram-me**...
7. ...e **pô-la** na bolsa.
8. ...E você **fê-lo**...

2.

1. **Aos** fins de semana...
2. **A sua**...e os **seus**...?
3. ...**à** praia?
4. Como **é que** você vai para casa?
5. Onde **é que** vocês vão em janeiro?
6. Esse ator chegou **ao** Rio de Janeiro.
7. Quando **é que** você viu esse espetáculo?
8. **Dê-me** um café, Sr. Ernesto.
9. **O nosso**...está a viajar...
10. Faça o favor. Posso **ajudá-la**?
11. Hoje **apanhei** o **autocarro** errado.

3.

1. bairro de lata
2. sumo
3. pequeno-almoço
4. casa de banho
5. autocarro
6. comboio
7. aterrar
8. hospedeira
9. liceu / escola secundária
10. calças de ganga

4.

1. Ele **saiu a correr** do banco.
2. Já **estávamos a dormir**,...
3. **Estive a fazer**...
4. **Está a chover** muito?
5. Quando **estava a falar** com ela,...
6. O que **estão a fazer** aí?

5.

1. **Gostava**...
2. **Podia**...
3. Eu **fazia**...
4. ...**telefonavam**...
5. **Era**...

6.

saí ... cheguei ... tenho ... falam ... consigo ... foi ... estar ... comecei ... era ... gostavam ... trabalhava ... estudava ... Decidi ... fiz ... trabalho ... arranjei ... sou ... tenho ...

UNIDADE 12

1.

2. Os amigos **com os quais** fomos ao cinema...
3. Os vendedores **dos quais** te falei ontem...
4. O quarto **no qual** dormiste esta noite...
5. O homem **para o qual** eu trabalho...
6. Hoje vou fazer o doce **do qual** vocês...

2.

saborear	**o sabor**
encantar	o encanto
soar	**o som**
funcionar	o funcionamento
enfeitiçar	**o feitiço**
explorar	a exploração
consultar	**a consulta**
cheirar	**o cheiro**
curar	o curandeiro
cantar	o cantor

3.

1. Os produtos **que** são vendidos neste mercado são frescos.
2. Qual é o nome do bolo **que** nós comemos ontem?
3. O vendedor **que** nos atendeu era muito antipático.
4. Li uma crítica no jornal com **a qual** não concordo.
5. A agência, **onde** aluguei o carro, está fechada.
6. Eu trabalho para o jornal, **cujo** diretor apareceu na televisão.

4.

A.

1. vais fazendo
2. vais limpando
3. vais lavando
4. vais pondo

B.

1. vou servindo
2. vou atendendo
3. vou pondo
4. vou recebendo

5.

1. **Dá**-me esse dicionário, por favor.
2. Amanhã **venham** mais cedo, por favor.
3. **Dê**-me um recibo, por favor.
4. **Diz**-me as horas, por favor.
5. **Toque** outra música, por favor.
6. **Arranje**-me dinheiro trocado, por favor.
7. **Telefonem**-me mais tarde, por favor.
8. **Faz** um bolo de chocolate para o lanche, por favor.

6.

1. Adoraria...
2. ...partirá...
3. Irei...
4. ...poderíamos...
5. ...voltarão...
6. ...poderias...
7. Gostaria...
8. ...iria...
9. ...trará...
10. ...iremos...